PE. ERMINDO RAPOZO DE ASSIS

As lições de Maria

Aprendendo com as alegrias e as dores da Mãe de Jesus

EDITORA
SANTUÁRIO

Coordenação Editorial: Ana Lúcia de Castro Leite
Copidesque: Sofia Machado
Revisão: Luana Galvão
Diagramação e Capa: Maicon Santos

Dados Internacionais de Catalogação na Publicação (CIP) de acordo com ISBD

A8481 Assis, Ermindo Rapozo de

As lições de Maria: aprendendo com as alegrias e as dores da Mãe de Jesus / Ermindo Rapozo de Assis. - Aparecida : Editora Santuário, 2023.
72 p. ; 14cm x 21cm.

Inclui índice e anexo.
ISBN: 978-65-5527-270-3

1. Religião : Cristianismo. 3. Maria. I. Título.

2022-3590 CDD 240
CDU 24

Elaborado por Vagner Rodolfo da Silva - CRB-8/9410

Índice para catálogo sistemático:
1. Religião : Cristianismo 240
2. Religião : Cristianismo 24

1ª impressão

Rua Pe. Claro Monteiro, 342 – 12570-045 – Aparecida-SP
Tel.: 12 3104-2000 – Televendas: 0800 - 0 16 00 04
www.editorasantuario.com.br
vendas@editorasantuario.com.br

INTRODUÇÃO

Apresento estas meditações às pessoas que amam a Mãe de Jesus, que tem muita experiência no seguimento a Jesus de Nazaré, aquele profeta rico em palavras e obras. Vamos entrar na Escola de Maria, na qual o grande mestre é Jesus Cristo, aquele que fala com sabedoria e ensina com amor (Pr 31,26). Queremos associar a leitura orante de alguns textos bíblicos com a prática devocional das sete dores e das sete alegrias da Bem-aventurada Virgem Maria.

Nossa Senhora da Piedade foi escolhida como padroeira do Estado de Minas Gerais, assim, no alto da Serra, existe um Santuário Mariano, em que os Mineiros buscam a intercessão de Maria para superar o sofrimento de suas dores e angústias. Esse santuário fica próximo à cidade de Caeté, MG.

A Padroeira dos capixabas é Nossa Senhora da Penha, a senhora das alegrias pascais. No Domingo da Ressurreição, tem início o Oitavário da Penha. A Devoção das Alegrias de Maria ajuda o povo cristão na vivência espiritual e incentiva todos os devotos para celebrar a Vitória de Cristo Ressuscitado.

Nosso povo brasileiro gosta muito de Maria, e podemos valorizar muito mais a devoção à Mãe de Jesus, usando os textos bíblicos. Assim nosso carinho e nossa atenção a Maria não serão um devocionismo sem fundamento. Essa proposta segue um roteiro bem simples: Invocação ao Espírito Santo, Leitura do texto bíblico, meditação pessoal sobre uma dor ou alegria de Maria, uma oração e uma sugestão de hinos marianos.

Oração ao Espírito Santo

Vinde, Espírito Santo, enchei os corações dos vossos fiéis e acendei neles o fogo do vosso amor.
Enviai o vosso Espírito, e tudo será criado
e renovareis a face da terra.
Oremos: Ó Deus, que instruístes os corações dos vossos fiéis com a luz do Espírito Santo,
fazei que apreciemos retamente todas as coisas,
segundo o mesmo Espírito,
e gozemos sempre da sua consolação.
Por Cristo, Senhor nosso. Amém.

1ª lição

Aprendendo com a alegria do anúncio do nascimento de Jesus

Texto bíblico para meditação pessoal: Lucas 1,26-38

A jovem de Nazaré era Filha de Joaquim e Ana, conforme sabemos pelo Evangelho Apócrifo de São Tiago. Chamava-se Maria e estava noiva do jovem carpinteiro José; embora pobres, eram descendentes do Rei Davi. Assim aprendemos que Deus lembra sempre de seu povo e cumpre suas promessas. Vários profetas já haviam anunciado a vinda do Messias, da casa de Davi, e que nasceria em Belém, casa do pão.

Maria já conhecia esses relatos; ela havia passado boa parte da infância no templo, sendo educada de maneira especial pelos sacerdotes. Quando o Anjo Gabriel foi enviado por Deus para se encontrar com a escolhida para ser mãe do Filho do Altíssimo, encontrou uma moça de muita fé, que conhecia as promessas de Deus para salvar seu povo e cada ser humano da escravidão do pecado. Quando a saudação de Gabriel chegou aos ouvidos da noiva de José, ela, certamente, ficou espantada e perguntava quem a saudava com estas palavras: "Ave, cheia de graça, o Senhor é contigo?" Podemos imaginar Maria em um momento de oração, de estudo das Sagradas Escrituras ou alguma tarefa doméstica. O certo é que ela não esperava uma visita tão cheia de luz, como o enviado de Deus.

Aquele mensageiro divino logo falou: “Não temas Maria, pois encontrastes graça diante de Deus”. Essas palavras trouxeram alívio ao coração imaculado daquela jovem, transmitindo paz e alegria. Contudo a conversa só estava no começo. Logo em seguida, o desafio da maternidade divina seria proposto. “A Palavra de Deus é viva e eficaz, mais penetrante do que uma espada de dois gumes, e atinge a divisão da alma e do corpo, das juntas e medulas, e discerne os pensamentos e as intenções do coração” (Hb 4,12). Para uma jovem noiva, fiel a Deus, é sempre uma graça gerar uma nova vida em seu seio materno, tendo a companhia de seu amado esposo, nessa missão sagrada. Maria certamente tinha esse desejo, e seu amado esposo era o carpinteiro José, filho de Jacó e neto de Matã, conforme nos informa Mateus (1,15-16).

O anúncio dessa maternidade foi assim: “Eis que conceberás e darás à luz um filho e lhe porás o nome de Jesus. Ele será grande e será chamado Filho do Altíssimo. O Senhor Deus lhe dará o trono de seu pai Davi, e ele reinará eternamente na casa de Jacó. E seu reino não terá fim” (Lc 1,32-33). Para Deus, realmente nada é impossível. Como uma jovem noiva poderia aceitar uma missão tão grandiosa como essa, sem consultar ninguém? Imagens da mãe de Jesus a representam tão recatada, que fica difícil imaginar a Virgem de Nazaré perguntando ao enviado do Altíssimo: “Como vai acontecer isso, se não vivo com nenhum homem?” (Lc 1,34). Eu imagino outras perguntas que poderiam ser dirigidas ao anjo Gabriel: “José está sabendo, você já conversou com ele?” “Como vou explicar para minha família que estou grávida, sem ter casado com José?” “A lei de nosso povo condena o adultério, serei apedrejada pelos anciãos...”

Diante daquela virgem receosa e questionadora, o mensageiro de Deus falou novamente: "O Espírito Santo descerá sobre ti, e a força do Altíssimo te envolverá com sua sombra. Por isso o santo que nascerá de ti será chamado Filho de Deus. Também tua parenta Isabel concebeu um filho e já está no sexto mês aquela que era estéril, porque para Deus nada é impossível" (Lc 1,35-37).

Quanta alegria invadiu o coração imaculado de Maria! Naquele momento tão sublime de sua vida, certamente, a Bendita entre as mulheres soube reconhecer a força daquela Palavra que anunciava o nascimento de nosso Redentor, Jesus Cristo. Sua resposta não poderia ser outra. Aquela jovem noiva de José, com muita liberdade e consciência, exclamou: "Eis aqui a serva do Senhor. Faça-se em mim segundo tua Palavra" (Lc 1,38). Assim ela consagrou sua vida a Deus, como serva e não como escrava. A escravidão tira nossa liberdade e dignidade. A serva não perde sua liberdade e muito menos sua dignidade. Assim aprendemos com Maria a ser discípulos e missionários, para levar a Palavra, que liberta e salva-nos da escravidão do pecado e da morte eterna.

Ângelus

V. O anjo do Senhor anunciou a Maria.
R. E ela concebeu do Espírito Santo. Ave, Maria...
V. Eis aqui a serva do Senhor.
R. Faça-se em mim segundo a vossa Palavra.
Ave, Maria...
V. E o verbo se fez carne.
R. E habitou entre nós. Ave, Maria...
V. Rogai por nós, Santa Mãe de Deus,
R. para que sejamos dignos das promessas de Cristo.

Oremos: Infundi, Senhor, em nossos corações, a vossa graça para que, conhecendo pela anunciação do anjo a encarnação de vosso Filho, cheguemos por sua paixão e cruz à glória da ressurreição. Pelo mesmo Cristo, Senhor nosso. Amém.

2ª lição

Aprendendo com a alegria da visita a Isabel

Texto bíblico para meditação pessoal: Lucas 1,39-45

Foi o próprio Arcanjo Gabriel que contou para a jovem Maria que sua prima Isabel estava grávida. Aquela senhora, em sua avançada idade, também foi agraciada com o dom da maternidade. Como é maravilhoso receber boas notícias de nossos parentes e amigos! A prima de Isabel e esposa de José, com o coração alegre e disponível, saiu apressadamente para a casa de Zacarias, nas montanhas da Judeia.

Os escritos do Novo Testamento não nos informam o nome da região onde os pais do percursor João Batista residiam. Maria morava em Nazaré, na Galileia, que fica no norte do país, a Judeia fica na região sul de Israel. Certamente, a viagem era por estradas que exigiam muito esforço das pessoas e dos animais de carga. Para ter mais segurança, o percurso era feito em caravanas com várias pessoas.

Outros detalhes não aparecem no Evangelho de Lucas. O carpinteiro José sabia da grande notícia? Maria havia falado com seu noivo e com seus pais, Joaquim e Ana? Assim os curiosos, que gostam de histórias cheias de detalhes, continuam sem respostas. Para nosso aprendizado de discípulos e missionários, nada disso importa, pois a lição é do serviço solidário; agindo assim, levamos Jesus para nossos irmãos e nossas irmãs.

O Evangelista relata que aquela jovem grávida, que já levou o Bendito Fruto em seu ventre materno, era e continua sendo a Bendita entre as mulheres. Como as grandes mulheres da Bíblia, Débora, Judite, Ester e Rute e outras mais, a Virgem de Nazaré tornou-se um valioso instrumento de salvação para o povo de Deus. Ela é a nova Arca da Aliança que caminha com seu povo.

Maria entrou na casa de Zacarias e cumprimentou Isabel. Esse encontro foi cheio de alegria e luz. O menino João se mexeu no ventre materno, e sua mãe ficou cheia do Espírito Santo e exclamou em alta voz: "Bendita és tu entre as mulheres e bendito é o fruto de teu ventre. Como posso merecer que a mãe de meu Senhor venha visitar-me? (Lc 1,41-43).

Essa visita é uma explosão de felicidade e contentamento. Torna-se a nossos olhos de fé uma verdadeira manifestação de Deus no seio daquela família e para toda a humanidade. Aquelas duas mulheres são portadoras das maravilhas do Criador. Isabel, desde sua juventude, sonhava com a possibilidade de ser mãe; a noiva de José foi surpreendida com o chamado para gerar o Filho de Deus.

Para Deus nada é impossível, Ele sempre nos surpreende e transforma nossa vida, basta que saibamos confiar na imensidão de seu amor misericordioso.

Não pode passar despercebido a nossos olhos essa grande verdade de fé, o dogma da maternidade divina de Maria, que aparece nos lábios da esposa de Zacarias. Cheia da força do Espírito Santo, Isabel reconhece Maria como a Mãe de meu Senhor, isso é o mesmo que afirmar: seu Filho Jesus é Deus feito homem. Na Sagrada Escritura, somente Deus é Senhor e ninguém mais. Maria não é senhora, ela é serva de Deus, a Bem-aventurada porque acreditou e disse: faça-se em mim conforme sua Palavra. O evangelista João relata o grande mistério da encarnação com estas palavras: "E a Palavra se fez carne e habitou entre nós. Nós contemplamos sua glória, glória do Filho único do Pai, cheio de amor e fidelidade" (Jo 1,14).

A Boa-Nova da chegada do Messias era esperada por todo o povo, mas poucos o reconheceram. Maria e José foram os escolhidos por Deus para formar uma família e assim acolher nosso Redentor. A Sagrada Família nos ensina a confiar nas promessas de Deus. Aceitando a gravidez de sua noiva, José também disse seu sim, livre e consciente. Na hora do chamado de Deus não podemos pensar nos desafios e perigos da missão; faz-se necessário confiar nas promessas de Deus e, de coração aberto, responder: "Eis me aqui, Senhor, envia-me". Maria e José tinham consciência dos desafios de formar uma família tão especial para o próprio Deus.

Gosto de imaginar a presença de Maria na casa de Zacarias e Isabel, a conversa entre as duas mulheres grávidas, os serviços domésticos, momentos de oração. Sempre penso em Maria usando avental e de vassoura na mão; seu véu não tinha o brilho das princesas, mas demonstrava sua dignidade de pessoa; certamente não usava uma coroa real. Foi nas montanhas da Judeia que Maria, cheia de fé, esperança e caridade, entoou seu *Magnificat*, com estas palavras:

Magnificat

A minha alma engrandece ao Senhor e se alegrou o meu espírito em Deus, meu Salvador; pois ele viu a pequenez de sua serva, desde agora as gerações hão de chamar-me de bendita.

O Poderoso fez por mim maravilhas e Santo é o seu nome! Seu amor, de geração em geração, chega a todos que o respeitam; demonstrou o poder de seu braço, dispersou os orgulhosos; derrubou os poderosos de seus tronos e os humildes exaltou; de bens saciou os famintos, e despediu, sem nada, os ricos. Acolheu Israel, seu servidor, fiel a seu amor, como havia prometido a nossos pais, em favor de Abraão e de seus filhos, para sempre (Lc 1,46-55).

3ª lição

Aprendendo com a alegria do nascimento de Jesus

Texto bíblico para meditação pessoal: Lucas 2,1-7

Desde criança, aprendemos a contemplar a cena do Nascimento de Jesus na época do Natal, quando fazemos o presépio nas capelas e muitas famílias também reservam um lugar para montar o presépio ou a árvore de Natal. Olhando para os pais de Jesus, vemos a grandeza da fé de José e Maria, que foram chamados para formar um lar para acolher o Emanuel, Deus conosco. Os profetas já anunciavam a vinda do Messias, o povo o esperava como libertador, não imaginava que o templo se cumpriu e que Maria era a Arca da Nova Aliança de Deus com a humanidade.

Todo nascimento em uma família sempre deve ser motivo de alegria e festa, apesar da pobreza ou falta de planejamento do casal. Os noivos, José e Maria, foram surpreendidos pelo anúncio do anjo Gabriel e, na época do nascimento, precisaram viajar para Belém, cidade de Davi. O decreto do imperador romano pedia que todas as famílias fizessem seu recenseamento na cidade natal, e eles eram descendentes do famoso Rei Davi. A mãe de Jesus viajou para a região da Judeia, no início da gravidez e no fim da gestação.

Várias caravanas chegavam a Belém, conhecida como casa do pão. O casal de Nazaré tinha descendência real, mas, como não conseguiu um lugar para se hospedar, foi preciso abrigar-se junto aos animais. Foi nesse lugar que o Rei dos Reis nasceu. Logo depois do parto, Maria o envolveu em faixas e o colocou em uma manjedoura, lugar onde os animais comiam. José estava sempre atento a qualquer necessidade da mãe e da criança. Mesmo em um lugar simples e sem conforto, a luz de Deus pode entrar e trazer muitos motivos para se alegrar e fazer festa. Na gruta de Belém, Deus menino nasceu trazendo paz, amor e muita luz.

A Virgem de Nazaré trouxe ao mundo o Príncipe da Paz, Rei dos Reis, que reinará para sempre. Os habitantes de Belém, mesmo de Jerusalém, não imaginavam que as profecias messiânicas se confirmavam naquela noite tão iluminada. Os pastores foram surpreendidos com a presença de anjos anunciando o grande acontecimento. Muito longe dali, alguns sábios homens viram uma estrela no céu e foram visitar o Rei dos Judeus. Na história da Igreja, tem muitas pessoas que também estudaram e contemplaram esse grande mistério da encarnação de Deus, no seio materno de Maria. Na carta aos Filipenses, Paulo escreve sobre essa verdade de fé, falando da Kenosis, isto é, do rebaixamento de Cristo, que, sendo divino, se aniquilou a si mesmo, tornando-se humano como nós; por isso Deus o exaltou acima de todos (Fl 2,5-11).

Essa verdade de fé, que fala da encarnação do Verbo Eterno no seio de Maria, foi e continua sendo estudada pelos teólogos e pelas teólogas. Temos conhecimento da existência de algumas heresias do passado, que foram combatidas pelo magistério eclesiástico. Algumas pessoas ainda falam do Filho de Maria, sem reconhecer sua divindade; mas a doutrina da tradição católica nos ensina o que está no início do Evangelho de João: “A Palavra se fez carne e veio morar entre nós, e vimos sua glória, a glória que o Filho único recebe do pai, cheio de graça e de verdade" (Jo 1,14).

A tradição de montar o presépio foi iniciativa de São Francisco, o pobre de Assis. No ano de 1223, ele queria mostrar aos camponeses como tinha acontecido o nascimento de Jesus em Belém. Com essa motivação, ele chamou várias pessoas da cidade italiana de Greccio, e juntos organizaram o cenário e os personagens da gruta de Belém, onde o pobre de Nazaré nasceu, trazendo paz e alegria para o mundo todo.

Esse costume ficou gravado na memória de nosso povo católico. Desde criança nós aprendemos que, no último mês do ano, é tempo de organizar o presépio, montar a árvore de Natal, sem falar dos presentes e da Missa do Galo. No Natal de 1856, na diocese de Lion, o padre Antônio Chevrier também rezou diante do presépio, pensando nos pobres operários de sua paróquia de periferia. Depois desse Natal, ele começou a dedicar mais tempo para evangelizar os pobres, assim atraindo outros companheiros para essa missão. Hoje, temos Associação dos Padres, Diáconos, Leigos e Irmãs do Prado, cujo lema é: "Conhecer Jesus Cristo é tudo" e cuja espiritualidade tem o estudo do evangelho como tarefa principal. O objetivo continua o mesmo do Beato Chevrier: evangelizar os pobres.

Nessa entrega total do Verdadeiro Discípulo, encontramos a Virgem de Nazaré, que é a primeira discípula de Jesus. Olhando para a Mãe do Filho do Altíssimo e seu esposo José, encontramos um casal fiel a Deus, que experimentou a pobreza e os desafios de sua época, mas soube confiar que Deus cumpriria suas promessas.

Que o Menino Jesus cuide de nossas crianças

Menino Jesus, toma em tuas mãos as crianças. Livra-as da guerra, da fome, da morte antecipada, da morte em vida e da dor que não podem nem deveriam sentir. Cuida das mulheres grávidas e daquelas que querem engravidar. Que os homens sejam como São José, e as mulheres como Maria. Livra nosso mundo do trauma do aborto, tu que és a Vida. Devolve o sentido de viver àqueles que perderam a felicidade. Menino que és, coloca no rosto das outras crianças o sorriso, o amor e a segurança. Na boca, coloca a comida e tua Palavra. Obrigado(a), Menino Deus!

4ª lição

Aprendendo com a alegria da visita e adoração dos pastores e magos

Texto bíblico para meditação pessoal: Mateus 2,1-12

A primeira visita ao recém-nascido, príncipe da paz e rei dos judeus, foi dos pastores da redondeza de Belém, que receberam a notícia do acontecido por meio dos mensageiros celestes: "Hoje, nasceu para vós, na cidade de Davi, um Salvador, que é o Cristo Senhor..." (Lc 2,11). Os magos vieram de longe, trouxeram três valiosos e significativos presentes: ouro, incenso e mirra. Esses visitantes de terras distantes foram guiados por uma estrela brilhante ou, quem sabe, por um cometa Halley, conhecido no mundo todo! Na religiosidade, ficou conhecido como a estrela do oriente... Na verdade, a luz grande que brilhou nas trevas do pecado é o próprio Jesus Cristo.

Foi por causa desses visitantes, estudiosos das estrelas e dos planetas, que o Rei Herodes soube do nascimento do descendente de Davi. No Palácio Real, em Jerusalém, essa notícia provocou grande agitação entre os nobres e servos do rei; todos os habitantes de Jerusalém queriam saber: onde nasceu o Filho de Davi, o Messias tão esperado pelo povo judeu. Buscando a resposta, encontraram a antiga profecia: “E tu Belém, terra de Judá, não é de modo algum a menor entre as principais cidades de Judá, porque de ti sairá um Chefe, que vai apascentar Israel, meu povo” (Mt 2,6). Herodes demonstrou um falso interesse em conhecer essa criança prometida, por isso pediu aos sábios visitantes que, quando encontrassem esse menino, voltassem para avisá-lo; ele também queria conhecê-lo.

Esses sábios visitantes, seguidores da grande estrela luminosa, são conhecidos pelos nomes de Baltazar, Gaspar e Melquior. No presépio, suas imagens têm aparência de um africano, outro europeu e o outro parece ser asiático. Assim trazem a identidade de vários povos, afinal, o filho do carpinteiro José é o Rei do Universo. Seguindo a estrela, eles encontraram o recém-nascido, Menino Deus, adoram-no e fizeram suas ofertas. Ouro, porque Jesus é rei dos reis; incenso, por que Deus se encarnou no ventre de Maria; e mirra, com seu perfume, para lembrá-lo do grande sacrifício da cruz.

Podemos imaginar essa cena tão surpreendente para a Sagrada Família, José e Maria, que já estava radiante de alegria com a simpática visita dos pastores de Belém. Não imaginava que viriam outros visitantes, de tão longe, para adorar o Deus Menino. O casal de Nazaré avistou, ao longo da estrada, uma caravana com camelos e dromedários, cujos viajantes chegaram à pequena cidade de Belém e foram direto para onde a estrela indicava a presença do menino Jesus com sua família.

A Virgem Maria, esposa do carpinteiro de Nazaré, sabia guardar esses acontecimentos em seu materno coração e, com São José, meditava, agradecia e seguia confiando na proteção do Altíssimo. Essa família, que ligava a terra ao Céu, vivia a realidade de muitas outras daquele tempo; certamente, ninguém reconhecia o menino Jesus como o Messias prometido; era simplesmente o filho do carpinteiro.

Quando a Luz divina entra em nossa vida, tudo se transforma, deixamos ser iluminados por Deus. Que nossa família, nossa sociedade e também a Igreja sejam sempre um lugar iluminado, onde possamos acolher com alegria quem chega. O melhor presente que podemos oferecer a quem nos visita é um sorriso no rosto e um aperto de mão. Em situações específicas, podemos partilhar o alimento e a bebida. Deus vem sempre nos visitar trazendo sua luz, mas, às vezes, não sabemos reconhecer sua imagem e semelhança em cada pessoa humana, que vem a nosso encontro.

Quando estudamos a Bíblia, somos também iluminados pela Palavra de Deus. Precisamos não ter pressa e também guardar em nosso coração para a devida meditação e contemplação. Não basta uma leitura apenas do texto, ajuda muito um caderno de anotação para responder a duas importantes perguntas:

– O que Deus está me falando por meio dessa leitura?

– O que podemos falar para Deus diante desse texto bíblico?

Oração pessoal

Meu Deus e Senhor, olhando José e Maria, encontramos nossa família. Somos desafiados pela rotina de nossos afazeres domésticos e profissionais. São tantas preocupações diárias! Às vezes, vêm a enfermidade e o desemprego. Como podemos rezar nesses momentos? Vossa Mãe também passou por essas provações e soube reconhecer vossa proteção. Com a força do Espírito Santo poderemos também reconhecer vossa presença amorosa e protetora. Ajudai-nos a sermos mais humanos, mais fraternos, mais filhos de Deus. Amém, louvado seja Nosso Senhor Jesus Cristo. Salve, Maria, e viva São José!

5ª lição

Aprendendo com a alegria do Encontro do Menino Jesus no Templo

Texto bíblico para meditação pessoal: Lucas 2,46-52

Neste encontro de Maria e José com o menino Jesus, aprendemos que uma alegria pode transformar-se em tristeza e dor e que, com nossa fé perseverante, podemos recuperar uma alegria ainda maior. A Sagrada Família viajou para os festejos da páscoa em Jerusalém. O menino Jesus já estava com doze anos e foi com seus pais e demais parentes para capital.

Podemos imaginar que o Filho de José e Maria já estava na época de fazer Bar Mitzvah, uma cerimônia comum para os adolescentes judeus, que reconhece oficialmente a maturidade daquele jovem homem. Jesus viveu como judeu e seguiu seus costumes. Os preparativos daquela viagem para Jerusalém foram intensos. Maria providenciou uma veste nova para seu filho, outra para seu esposo e, com certeza, reservou um bonito vestido para ser usado na festa da páscoa. A caravana de peregrinos saiu logo de madrugada; a viagem foi calma e todos estavam ansiosos para celebrar a libertação do povo judeu. A família de Jesus tinha mais uma motivação naquele ano, eles iriam celebrar a vida de seu único filho; por isso José e Maria estavam superanimados e confiantes, naquela peregrinação pascal ao Templo de Jerusalém.

Cansados da viagem, eles chegaram à cidade, procuraram um local para se hospedarem, talvez na casa de algum parente, na capital. Nessa ocasião, o povo tinha de se deslocar para Jerusalém, que então recebia grande afluxo de peregrinos. Isso importava em sérios transtornos para a cidade, bem como para esses forasteiros. E o resultado era que a cidade se tornava um centro comercial ainda mais agitado. Os mercados ficavam abarrotados de grandes estoques de verduras e condimentos e outros produtos. Era uma semana de festa e todas as famílias deviam participar desse momento religioso e cultural. Depois do Bar Mitzvah, o jovem poderia participar ativamente das celebrações no templo de Jerusalém ou na Sinagoga, pois era oficialmente reconhecido com Filho da Aliança com Javé. Jesus era um verdadeiro homem judeu, assim ele conheceu os costumes e as cerimônias judaicas, comuns na cultura de seu povo. José e Maria aproveitaram essa festa para suas orações pessoais e puderam reencontrar com amigos e parentes, dos quais há tempo não tinham notícias.

A viagem de retorno para Nazaré transcorria normalmente para os pais de Jesus durante um dia todo, contudo seu filho ficara em Jerusalém sem o conhecimento de José e Maria. Nesse momento, eles notaram a ausência de Jesus na caravana. Assim começou a procura do filho no meio da multidão, a alegria transformou-se em tristeza e preocupação. A alegria voltou para os pais aflitos ao verem seu filho junto aos doutores da lei. Jesus estava falando com os doutores da Lei de Moisés, sua inteligência e sabedoria se destacavam no meio da multidão. No coração materno de Maria, e certamente no coração de

José, a dor da perda se transformou na alegria do encontro. A Virgem mãe perguntou a seu filho: "Por que fizeste isso conosco?" Ele respondeu com naturalidade: "Não sabias que devo ocupar-me com as coisas de meu Pai"? Depois desse reencontro, toda a família voltou para casa na cidade de Nazaré, Jesus viveu como filho do Carpinteiro até os trinta anos, depois saiu de sua terra para anunciar o Reino de Deus.

Maria, esposa de José Carpinteiro, guardava esses e outros acontecimentos em seu coração para sua meditação da Palavra de Deus, a partir dos acontecimentos de sua vida de mãe e esposa. Assim, ela nos ensina a rezar como Deus quer. O verdadeiro discípulo sabe ouvir a palavra divina revelada em nosso cotidiano. Não precisamos de grandes sinais para conhecer os desígnios de Deus, que sempre nos fala nas pequenas coisas. Somos sempre iluminados pelo Espírito Santo; sem seus dons não somos nada.

Quando guardamos na memória os acontecimentos, nossas experiências vividas em família ou na comunidade, podemos meditar e rezar a partir da vida. Em nossa existência humana, temos alegrias e tristezas. Precisamos buscar sempre a verdade. Na alegria, existe o perigo da euforia sem fundamento. Na tristeza, encontramos as portas abertas para o desânimo. Na Fé em Deus, somos fortificados na esperança e caridade. Não podemos fugir da realidade. Voltar atrás no caminho pode trazer um recomeço responsável, feliz e mais consciente.

Nas estradas do mundo, acontecem muitos encontros e reencontros com pessoas que se dispõem a caminhar juntas, mesmo depois de uma decepção ou um desentendimento. Há mães que encontram seus filhos, irmãos que se reconciliam, amigos que são capazes de perdoar até a seus inimigos. Deus vem sempre nos encontrar em sua entrega total pela humanidade. Todo discípulo do Divino

Mestre encontra sempre bons motivos para se alegrar, mesmo que tudo pareça perdido. Tem uma canção que diz: "Pelas estradas da vida, nunca sozinho estás, contigo pelo caminho, Santa Maria vai" (Padre M. Espinosa).

Oração à Sagrada Família

Jesus, Maria e José, em vós contemplamos o esplendor do verdadeiro amor e, confiantes, a vós nos consagramos. Sagrada Família de Nazaré, tornai também nossa família lugar de comunhão e cenáculo de oração, autêntica escola do Evangelho e pequena igreja doméstica. Sagrada Família de Nazaré, que nunca mais haja nas famílias episódios de violência, de fechamento e divisão; e quem tiver sido ferido ou escandalizado seja rapidamente consolado e curado. Sagrada Família de Nazaré, fazei que todos nos tornemos conscientes do carácter sagrado e inviolável da família, de sua beleza no projeto de Deus. Jesus, Maria e José, ouvi-nos e acolhei nossa súplica. Amém.

(Papa Francisco, *Amoris Laetitia*, 325)

6ª lição

Aprendendo com a alegria da Ressurreição de Cristo

Texto bíblico para meditação pessoal: Marcos 16,1-8

Na devoção das setes alegrias de Maria, a mãe de Jesus, há o encontro com o Ressuscitado. Nos escritos do Novo Testamento, não encontramos a narrativa de alguma aparição de Jesus Ressuscitado a sua mãe. Encontramos no relato bíblico a citação de três mulheres que foram ao túmulo vazio: Maria Madalena, Salomé e Maria, mãe de Tiago.

Maria, a mãe de Jesus, estava no momento da cruz; ela não abandonou seu amado Filho. O quarto evangelista nos informa que o Discípulo Amado, depois da morte na cruz, levou Maria para sua casa, assim como Jesus pediu. Nesses dias tristes, ela ficou silenciosa, mas confiante de que o Altíssimo Deus não abandonou seu Divino Filho. O Ressuscitado pode ter aparecido a sua mãe, mas esse relato não aparece; somente depois, no Cenáculo, aparece Maria com os Apóstolos de Cristo. Para a Bendita entre as mulheres, Jesus não é apenas seu filho, Ele é o Messias prometido para salvar seu povo da escravidão do pecado. Como discípula, guardava tudo em seu materno coração imaculado; ela meditava os acontecimentos da vida, renovando sua fé em Deus. Sendo humano, o Filho de Maria e José havia morrido na cruz. Como Deus, Ele ressuscitou ao terceiro dia, como os profetas haviam anunciado. A fé de Maria não morreu na cruz; ela não foi ao túmulo procurar entre os mortos aquele que estava vivo.

A grande alegria da Ressurreição de Cristo vem pela fé de cada discípulo. As outras mulheres foram as primeiras anunciadoras da grande vitória de Jesus sobre a morte. Elas foram ao túmulo do Senhor Morto, mas o encontraram vazio; ainda assustadas, viram um jovem vestido com roupas brancas. Esse anjo disse: “Não tenhais medo. Buscai Jesus de Nazaré que foi crucificado. Ele ressuscitou, já não está aqui”. Essas mulheres foram as primeiras anunciadoras dessa grande notícia para Pedro e os demais apóstolos.

Nossa fé cristã é pascal, é vida nova, é ressurreição; ela deve ser sempre renovada por nossa profissão de fé. Precisamos sempre fazer festas em nossa família e nossas comunidades eclesiais, seja pelas pequenas ou grandes vitórias. Precisamos ir ao encontro do ressuscitado, que se manifesta na Eucaristia, em sua Palavra e no próximo! Quando sabemos acolher bem as pessoas, sem discriminação, racismo ou qualquer outro tipo de preconceito, encontramos a imagem e semelhança de Deus, que está vivo entre nós.

O testemunho dessas mulheres discípulas e dos apóstolos foi muito importante para os cristãos do passado e continua importante para nossas comunidades do presente. A mãe de Jesus é a primeira seguidora de Cristo e sempre nos incentiva na caminhada, como no episódio das bodas de Caná da Galileia. Para essa festa de casamento Maria e Jesus foram convidados. Logo que ela percebeu a falta de vinho, foi solidária com a família, disse a seu

Filho: "Eles não têm mais vinho", e aos servos: "Façam tudo o que Ele vos disser". O vinho novo, que Jesus nos oferece, sempre alegra nosso coração e transforma nossa vida em uma festa sem-fim.

Transformadas por Jesus, aquelas mulheres foram a seu encontro, mesmo sabendo que Ele havia morrido na cruz. Queriam oferecer ao falecido seus perfumes e suas flores, sem esquecer seus agradecimentos. Aquele homem, Jesus de Nazaré, reconheceu a dignidade da mulher pecadora e marginalizada. Ele as amou por primeiro e as libertou da morte do pecado.

Para as primeiras comunidades cristãs, o testemunho dessas mulheres discípulas de Jesus foi fundamental. Os apóstolos estavam temerosos, mas a presença feminina, sobretudo da Bem-aventurada Virgem Maria, foi muito importante. O divino Mestre, que é Jesus Ressuscitado, apareceu a Maria de Magdala em primeiro lugar. Depois, ela foi anunciar a Boa-Nova aos apóstolos, que estavam temerosos em sair do conforto de sua residência. Quando souberam da grande notícia da ressurreição, não queriam acreditar nas mulheres (Mc 16,9-11).

Hoje, nossas comunidades, pastorais e nossos movimentos eclesiais estão marcados com a presença de várias mulheres de fé. Caminhando lado a lado, cada ser humano, com seus dons específicos, anunciará a Alegria do Evangelho de Nosso Senhor Jesus Cristo para todos os povos e todas as nações.

Oração

Ó Maria Santíssima, Senhora da Penha, em cujas mãos Deus depositou os tesouros de suas graças e seus favores. Eis-me cheio de esperança, solicitando com humildade a graça de que hoje necessito *(fazer pedido)*, pela qual sou-lhe agradecido desde este momento. Recordai-vos, ó Senhora da Penha, que nunca se ouviu dizer que algum dos que em vós tem depositado toda a sua esperança tenha deixado de ser atendido, ó boa Mãe. Assisti-nos nas agruras da vida, para que façamos delas sementes para um mundo mais fraterno e mais humano. Enxugai o pranto das pessoas que sofrem e consolai os aflitos em suas necessidades.

(Oração aprovada pelo 1º bispo do Espírito Santo, Dom João Nery, em 23 de abril de 1901)

7ª lição

Aprendendo com a alegria da vinda do Espírito Santo, prometido

Texto bíblico para meditação pessoal: At 1,12-14

Todos os discípulos e todas as discípulas do grande mestre, rico em palavras e obras, permaneciam unidos em oração no Cenáculo. Maria, mãe de Jesus, e outras mulheres eram fortalecidas pela companhia dos irmãos na fé. Assim, na força da comunidade, receberam o Espírito Santo prometido. Todos os peregrinos que estavam em Jerusalém ouviam os apóstolos falando em seu idioma e todos compreendiam a mensagem anunciada. O Evento de Pentecostes marca o nascimento da Igreja, tendo seu fundamento na pregação apostólica e Maria como mãe e modelo.

A esposa de José viveu seu primeiro pentecostes no momento do anúncio em Nazaré. Pela ação do Espírito Santo, o Verbo se fez carne no ventre de Maria e fez morada entre nós. Quando Maria vai à casa de Zacarias, nas montanhas da Judeia, já leva consigo o próprio Deus. Cheia do Espírito Santo, Isabel saudou Maria como a "Mãe de Meu senhor!" Na Bíblia, o único Senhor é Deus. Assim as duas mulheres grávidas se alegram pelas maravilhas que Deus fez e continua fazendo em favor da humanidade.

Perdemos o medo e a tristeza, quando reconhecemos a presença do Espírito Santo em nós. Assim foi com os discípulos depois da Ascensão. Maria exerceu sua maternidade eclesial, lá no meio dos apóstolos, e continua nos animando na fé em tempos difíceis que vivemos na atualidade. Maria não se omite, não duvida, não deixa para depois. Ela confia na ação divina e nos ajuda a ter fé no Cristo Ressuscitado.

A alegria da jovem mãe, esposa de José, vem de Deus, não é vazia, não é sem fundamento. A Virgem Maria se alegra quando vê realizadas as profecias em favor de seu povo. Ela faz festa quando encontra os mais humildes sendo exaltados e os famintos tendo o que comer. Sua felicidade não é individualista, não se alegra com a injustiça. Seu contentamento acontece quando os inimigos se reconciliam e os poderosos deste mundo não matam inocentes, mas trabalham para o bem comum das nações.

Logo depois da Ascensão do Grande Mestre, que fala com sabedoria e ensina com amor, seus apóstolos e demais seguidores estavam desorientados e confusos. Como Jesus não estava mais no meio deles, Maria, neste momento, tornou-se mãe da Igreja. Sua presença no cenáculo foi muito valiosa para esse começo. Agora em nossas comunidades eclesiais, a devoção à mãe de Jesus não nos deixa desanimar. Nossa caminhada, como discípulos e discípulas, continua contando com a presença de Maria, a Primeira Cristã, para renovar nossa fé e esperança em Jesus Cristo. Quando estamos temerosos diante das críticas e perseguições, olhamos para Maria, a Mãe e Rainha dos Apóstolos, e recuperamos o ânimo e a determinação de não cairmos no desânimo. A mãe de Jesus conhece nossas fraquezas humanas e vem sempre nos ajudar em nossa caminhada de fé e esperança no Deus, que é Pai, Filho e Espírito Santo.

Na força da oração, da meditação da Palavra de Deus, tendo Maria como nossa companheira, saberemos guardar no coração os acontecimentos da vida e assim aprender as lições do cotidiano para fazer a vontade de Deus em nossa vida humana. Cada homem, cada mulher tem um chamado de Deus para sua vida. A isso nós chamamos vocação humana e cristã. A vocação específica para consagrar sua vida no matrimônio, na vida religiosa ou como ministro ordenado, nós descobrimos mediante a oração e meditação da Palavra de Deus. Você está feliz com sua escolha vocacional? O chamado à santidade começa em nosso batismo e o mais importante é sermos felizes na graça de Deus. Quem deixa tudo por causa do Reino de Deus não encontrará a infelicidade, será sempre um bem-aventurado, porque acreditou.

Oração a Maria, Mãe da Igreja, Mãe de nossa fé

Ajudai, ó Mãe, nossa fé. Abri nosso ouvido à Palavra, para reconhecermos a voz de Deus e seu chamado. Despertai em nós o desejo de seguir seus passos, saindo de nossa terra e acolhendo sua promessa. Ajudai-nos a deixar-nos tocar por seu amor, para podermos tocá-lo com a fé. Ajudai-nos a confiar-nos plenamente a Ele, a crer em seu amor, sobretudo nos momentos de tribulação e cruz, quando nossa fé é chamada a amadurecer. Semeai, em nossa fé, a alegria do Ressuscitado. Recordai-nos que quem crê nunca está sozinho. Ensinai-nos a ver com os olhos de Jesus, para que Ele seja luz em nosso caminho. E que esta luz da fé cresça sempre em nós até chegar aquele dia sem ocaso que é o próprio Cristo, vosso Filho, nosso Senhor.

(Oração a Maria na conclusão da Encíclica *Lumen fidei*)

II

APRENDENDO COM AS DORES DE MARIA

8ª lição

Aprendendo com a Profecia de Simeão

Texto bíblico para meditação pessoal: Lucas 2,21-35

Em Jerusalém, havia um homem justo e piedoso, conhecido como Simeão. Já estava com uma avançada idade e nunca deixou de esperar a vinda do Messias. O Espírito Santo lhe havia revelado que não morreria, antes de ver o Cristo Senhor, isto é, o ungido de Deus. No dia da apresentação de Jesus no Templo, por José e Maria, o Velho Simeão apareceu na cerimônia e reconheceu o Deus Menino.

Naquela cerimônia, era realizado o rito da purificação da Mãe e a circuncisão da criança do sexo masculino, conforme a Lei de Moisés, descrita no livro do Êxodo 13,11-16. Certamente, era um momento solene e cheio de agradecimento para o casal. O ancião também exultou de alegria por ver as profecias do Messias sendo realizadas para todo o povo de Deus. Ele se aproximou de Maria e saudou todos os presentes; de seus lábios, Maria e José ouviram a profecia sobre o descendente de Davi: "Esse menino está destinado a ser causa de queda e elevação para muitos em Israel... uma espada transpassará sua alma" (Lc 2,34-35). Para compreender melhor o significado dessa espada, que revela o pensamento de muitos corações, buscamos a Carta aos Hebreus: "A Palavra de Deus é viva e eficaz, mais penetrante do que uma espada de dois gumes, e atinge até a divisão da alma e do corpo, das juntas e medulas e discerne pensamentos e intenções do coração" (Hb 4,12).

Espada é uma arma de guerra, ela fere, pode tirar nossa vida e causar muito sofrimento e muita tristeza. Com essa arma não promovemos a paz, e sim a guerra. A Palavra de Deus não mata, promove a reconciliação entre os povos que nela acreditam. Quando deixamos ser transpassados pela Palavra de Deus, ela revela nossas intenções e nossos propósitos, promove a paz e não guerra, traz vida nova para as nações. Penetrados por essa palavra divina, vencemos o pecado e somos iluminados pela luz de Cristo.

Maria de Nazaré foi transpassada pela espada da Palavra de Deus, teve muitas dores e muitos sofrimentos, mas não foi vencida pelo desânimo e pela falta de fé. Soube acreditar na vitória final, que encontramos no amor de Deus por nós. Nossa devoção mariana, tão praticada pelos fiéis católicos, deve sempre nos motivar a conhecer Jesus a partir do estudo bíblico. Dessa forma, aprenderemos com Maria a vencer nossas dores e nossas angústias, sem perdermos a fé, esperança e a caridade. Essas três virtudes de nossa fé trazem paz e harmonia para nossas famílias e comunidades eclesiais. Não devemos pedir a Deus uma vida sem sofrimentos, mas podemos buscar nossa felicidade, sem ser causa de dor e tristeza a ninguém. Você já pensou nisso?

O sim de Maria foi e continua sendo determinante. Segundo a Palavra de Deus, ela consagrou sua vida como serva do Senhor, por isso ela é Bendita entre as mulheres e o fruto de seu ventre materno é Jesus Cristo.

Nós, que somos devotos marianos, necessitamos conhecer profundamente a Palavra que se fez carne e habitou entre nós. Jesus é a Palavra que nos alimenta com seu Corpo e Sangue, na Eucaristia. Ele nos fortalece diante do sofrimento, causado pelo pecado, e nos envia como missionários.

Somente Jesus Cristo pode trazer alegria com sua Ressurreição; você acredita nessa boa notícia?

Naquele mesmo dia, no meio da multidão, quando a Sagrada Família estava no templo de Jerusalém, o menino Jesus também foi reconhecido pela profetisa Ana, filha de Fanuel. Essa mulher era viúva, não saía do templo, sempre estava em oração e jejum, servindo a Deus, noite e dia (Lc 2,36-37). Assim percebemos a força da oração dessas pessoas que confiam sempre na Palavra de Deus, pois Ele sempre cumpre suas promessas. A viúva Ana e o Ancião Simeão representam todo o povo, que nunca perdeu a esperança na vinda do Messias Prometido. Essas duas pessoas se alegraram com o nascimento de Jesus e começaram a anunciar essa boa notícia para todos os peregrinos no templo.

Nosso papa Francisco fala da Igreja em saída, de sairmos de nosso individualismo sufocante para a solidariedade, que impulsiona na direção das pessoas e do próprio Deus, que sempre vem a nosso encontro. O Deus, que se encarnou no seio de Maria, não é simplesmente uma divindade para ser adorado, mas um Emanuel, um Deus Conosco. Quem ama o próximo reconhece Deus em cada pessoa. O Amor supera a dor e traz alegria verdadeira nos pequenos gestos de solidariedade.

Oração à Virgem Maria

Virgem e Mãe Maria, vós que, movida pelo Espírito, acolhestes o Verbo da vida na profundidade de vossa fé humilde, totalmente entregue ao Eterno, ajudai-nos a dizer nosso "sim" perante a urgência, mais imperiosa do que nunca, de fazer ressoar a Boa Nova de Jesus.

Vós, cheia da presença de Cristo, levastes a alegria a João, o Batista, fazendo-o exultar no seio de sua mãe. Vós, estremecendo de alegria, cantastes as maravilhas do Senhor. Vós, que permanecestes firme diante da Cruz com uma fé inabalável e recebestes a jubilosa consolação da ressurreição, reunistes os discípulos à espera do Espírito para que nascesse a Igreja evangelizadora.

Alcançai-nos agora um novo ardor de ressuscitados para levar a todos o Evangelho da vida que vence a morte. Dai-nos a santa ousadia de buscar novos caminhos para que chegue a todos o dom da beleza, que não se apaga.

Vós, Virgem da escuta e da contemplação, Mãe do amor, esposa das núpcias eternas, intercedei pela Igreja, da qual sois o ícone puríssimo, para que ela nunca se feche nem se detenha em sua paixão por instaurar o Reino.

Estrela da nova evangelização, ajudai-nos a refulgir com o testemunho da comunhão, do serviço, da fé ardente e generosa, da justiça e do amor aos pobres, para que a alegria do Evangelho chegue até os confins da terra e nenhuma periferia fique privada de sua luz.

Mãe do Evangelho vivente, manancial de alegria para os pequeninos, rogai por nós. Amém. Aleluia!

(Oração à Virgem Maria na *Evangelii Gaudium*, Papa Francisco)

9ª lição

Aprendendo com a Fuga para o Egito

Texto bíblico para meditação pessoal: Mateus 2,13-15

Herodes queria eliminar todos os possíveis pretendentes ao trono, e a descendência de Davi era uma ameaça constante. Quando ele soube do nascimento de Jesus em Belém, cidade de Davi, procurou logo eliminá-lo. O povo judeu esperava há muito tempo o cumprimento das profecias a respeito do Messias. A esperança popular era por um Príncipe da Paz, Conselheiro Admirável, conforme Isaías 9,5-6. Os conterrâneos de Jesus esperavam libertar-se do domínio romano e experimentar o esplendor do reinado de Davi. Herodes não era um monarca com poderes absolutos, ele servia aos interesses de Roma.

O Esposo de Maria dormia tranquilamente em sua residência quando novamente o Anjo apareceu e lhe disse: "Levante-se, pegue o menino e a mãe dele e fuja para o Egito". Mais uma vez, eles saíram para uma viagem longa e cheia de desafios no caminho. No último mês da gravidez de Maria, eles viajaram para Belém; o motivo era o recenseamento de César Augusto. Agora, precisavam fugir da perseguição de Herodes e, obedecendo ao anjo, foram para o Egito. Na devoção mariana, temos o título de Nossa Senhora do Desterro.

Podemos imaginar essa viagem de última hora. Ainda de noite, conseguiram juntar poucas roupas para o menino, algumas ferramentas de carpinteiro e certamente algum alimento, como pão e um pouco de leite, talvez. Não podia faltar a confiança na proteção de Deus Altíssimo. Algumas perguntas ficaram sem respostas, como estas: Eles já conheciam o Egito? Em que cidade escolheram para morar? Quanto tempo ficaram no exílio, longe de seus parentes e amigos?

Quem confia no Senhor está sempre disponível e preparado para ouvir os apelos de Deus e colocá-los em prática. Aquele casal, José e Maria, sempre estava pronto para cumprir a vocação de pais do Messias. Deveria formar um lar para dar segurança, educação e carinho para o Filho do Altíssimo. Assim não poderia ficar temeroso na hora de partir para uma terra distante.

Logo depois que Herodes percebeu que os magos não voltaram a seu palácio para informar onde estava o menino Jesus, ficou muito zangado e decretou que toda criança do sexo masculino, com até dois anos, fosse arrancada dos braços de sua mãe e eliminada com um golpe de espada. Os pais de Jesus conseguiram atravessar a fronteira da Judeia, mas muitas famílias perderam seus filhos por causa dessa perseguição. Na liturgia do tempo de Natal, celebramos a memória desses santos inocentes, no dia 28 de dezembro. Eles sofreram o martírio ainda criança.

Quantas famílias, atualmente, perdem seus filhos queridos por causa de um decreto de governo, por causa da guerra ou mesmo de desemprego. Quantas pessoas precisam sair de sua terra natal para outro país. Os motivos são sempre os mesmos, não importam a época e o lugar. Nosso povo sofredor não pode perder a fé, porque nosso Deus é o mesmo de ontem, hoje e sempre. Ele não nos abandona no sofrimento, Ele nos ama e se interessa por nós, pobres mortais.

A Bem-aventurada Virgem Maria foi e continua sendo a Bendita entre as mulheres, e Bendito sempre será Jesus, fruto de seu ventre. Como mulher, criatura de Deus, ela nos ensina a confiar sempre no Deus, que caminha com seu povo. Ele sempre cumpre suas promessas em favor de seu povo, que ama e confia. Certamente, quando os pais de Jesus estavam no Egito, já em segurança, longe das ameaças de Herodes, pensaram na morte de muitas crianças inocentes. Algum conhecido deles, ou mesmo um parente próximo de José e Maria, deve ter experimentado essa dor, esse luto. Por que os governos tiranos e corruptos não respeitam a vida dos inocentes e pobres?

Depois que Herodes morreu, o anjo do Senhor apareceu novamente em sonho ao carpinteiro José, que era um homem justo e piedoso, e lhe disse: "Levanta-te, toma o menino e sua mãe e volta para a terra de Israel" (Mt 2,19-20). Não quiseram retornar para Belém, foram morar em Nazaré, na Galileia, onde Jesus viveu até a idade adulta, por volta dos trinta anos, quando foi batizado por João no rio Jordão.

Oração pela Paz

Senhor Deus de Paz, escutai nossa súplica!

Tentamos tantas vezes e durante tantos anos resolver nossos conflitos com nossas forças e também com nossas armas; tantos momentos de hostilidade e escuridão; tanto sangue derramado; tantas vidas despedaçadas; tantas esperanças sepultadas... Mas nossos esforços foram em vão. Agora, Senhor, ajudai-nos vós! Dai-nos vós a paz, ensinai-nos vós a paz, guiai-nos vós para a paz. Abri nossos olhos e nosso coração e dai-nos a coragem de dizer: "Nunca mais a guerra"; "com a guerra, tudo fica destruído"! Infundi em nós a coragem de realizar gestos concretos para construir a paz. Senhor, Deus de Abraão e dos Profetas, Deus Amor, que nos criastes e chamais a viver como irmãos, dai-nos a força para sermos cada dia artesãos da paz; dai-nos a capacidade de olhar com benevolência todos os irmãos que encontramos em nosso caminho. Tornai-nos disponíveis para ouvir o grito de nossos cidadãos, que nos pedem para transformar nossas armas em instrumentos de paz, nossos medos em confiança e nossas tensões em perdão. Mantende acesa em nós a chama da esperança para efetuar, com paciente perseverança, opções de diálogo e reconciliação, para que vença finalmente a paz. E que do coração de todo homem sejam banidas estas palavras: divisão, ódio, guerra! Senhor, desarmai a língua e as mãos, renovai os corações e as mentes, para que a palavra que nos faz encontrar seja sempre "irmão", e o estilo de nossa vida se torne: shalom, paz, shalom! Amém.

(Papa Francisco)

10ª lição

Aprendendo com a perda do menino Jesus no Templo de Jerusalém

Texto bíblico para meditação pessoal: Lucas 2,43-45

O Evangelista Lucas fala da infância de Jesus, da apresentação no Templo e, no final do segundo capítulo, aparece o relato da vida de Jesus, quando ele tinha 12 anos de idade. Todo menino judeu celebra esse aniversário com uma cerimônia na Sinagoga; para a tradição judaica, a maioridade chega nessa idade. Jesus, Filho de José e Maria, foi ao Grande Templo de Jerusalém, com sua família, celebrar a Páscoa, festa mais importante do judaísmo. Ele viveu como um judeu de seu tempo, conhecia a Lei de Moisés e a praticava. Todos os habitantes de Nazaré o conheciam, sabiam quem eram seu pai, sua mãe; a família toda era conhecida e respeitada. Ninguém de seus parentes e conhecidos o reconhecia como o Messias prometido. Somente José e Maria sabiam que aquele menino, que crescia em graça e sabedoria, era muito especial e tinha uma grande missão.

Jerusalém era e continua sendo a capital dos judeus. Nazaré era uma pequena vila da Galileia. Nos festejos da Páscoa, muitas pessoas iam em caravanas para capital. Lá no Templo celebravam a libertação do povo da escravidão do Egito. A família do carpinteiro José gostava de celebrar todas as vitórias do povo judeu e também fazer seus ritos e suas oferendas. Assim, naquele ano, Jesus, Maria e José foram ao Templo de Salomão para a festa da Páscoa. Podemos imaginar os preparativos para a viagem, a ansiedade da chegada, a quantidade de pessoas no Templo; muitos sacerdotes, muitos fariseus e escribas, e Jesus era mais um no meio da multidão. Para Maria de Nazaré, aquele menino de 12 nos era único e muito amado por seu imaculado coração de mãe. José sempre estava ao lado de sua esposa.

Quando terminou a grande festa, os pais de Jesus e demais peregrinos voltaram para casa, felizes e despreocupados. Depois de um dia de jornada, veio a grande preocupação: "Onde está nosso filho?", exclamou Maria! José, assustado, respondeu: "Não sei". Desesperados, os dois começaram a procurar entre os parentes e conhecidos. Voltaram pelo caminho e foram até o Templo de Jerusalém. Certamente, essa procura do filho desaparecido foi muito cansativa; a cada esquina o casal perguntava: "Viram um menino perdido, por onde vocês passaram? Nosso filho tem doze anos e está desaparecido. Ele está usando uma veste branca com uma faixa vermelha na cintura. Não sabemos onde ele pode estar?"

Nas ruas próximas ao Templo de Jerusalém, José e Maria ouviram boatos de que comentavam sobre um menino entre os doutores da lei. O casal de Nazaré entrou de novo no santuário e viu com espanto e alívio que sua procura chegava ao fim. Maria, com o coração materno cheio de preocupação, desabafou: "Meu filho, por que fizeste isso conosco, eu e teu pai estávamos te procurando?..."

A Família de Nazaré encontrou o filho perdido, e todos voltaram em paz para casa. Muitas outras mães e muitos outros pais não reencontram seus filhos e suas filhas; muitos jovens e adolescentes se perdem pelos caminhos da vida. Eles saem de casa buscando mais liberdade ou fugindo da violência. Certamente, podemos lembrar de vários casos de jovens que morreram longe de sua família, ou mesmo de pais, que não sabem onde estão os seus filhos e suas filhas.

Nosso Deus não está ausente na vida de nossa gente, Ele está próximo e cuida dessas vítimas com amor. Não podemos ignorar o apelo de nossos filhos e nossas filhas, que sempre merecem nosso amor e nossa atenção. Muitas vezes, os jovens manifestam sua revolta no silêncio, na rebeldia e nos vícios. Tudo isso gera violência e exclusão. Vamos pedir à Sagrada Família que possa ajudar-nos, intercedendo junto de Deus por nossos filhos e nossas filhas, rebeldes ou não.

A Bem-aventurada Virgem Maria é feliz porque acreditou na Palavra de Deus, ela soube confiar, por isso venceu sua dor e nos ensinou a buscar nossa vitória, que sempre passa pelo sofrimento da cruz redentora de Cristo. Pensando nisso, podemos perguntar: como vencemos nossa dor, sem perder a fé?

Oração sobre a missão da família cristã

Ó Deus, do qual provém toda a paternidade, nos céus como na terra, Vós, Pai, que sois Amor e Vida, por vosso Filho Jesus Cristo, "nascido de uma Mulher", e pelo Espírito Santo, fonte de caridade divina, fazei que, na terra inteira, cada família humana se torne um verdadeiro santuário da vida e do amor, para as gerações que incessantemente se renovam.

Fazei que Vossa graça oriente sempre os pensamentos e as ações dos esposos para o maior bem de suas famílias, de todas as famílias do mundo.

Fazei que as novas gerações encontrem na família um apoio sólido, que as torne sempre mais humanas e as faça crescer na verdade e no amor.

Fazei que o amor, consolidado pela graça do sacramento do Matrimônio, seja sempre mais forte do que todas as fraquezas, mais forte do que todas as crises, que, por vezes, se verificam em nossa família.

Fazei, enfim, nós vos pedimos, que, por intercessão da Sagrada Família de Nazaré, em todas as nações da terra, a Igreja possa realizar com fruto sua missão, na família e pela família.

Vós, ó Pai, que sois a Vida, a Verdade e o Amor, na unidade do Filho e do Espírito Santo.

Amém!

(São João Paulo II)

11ª lição

Aprendendo com o encontro de Maria com Jesus no Caminho da Cruz

Texto bíblico para meditação pessoal: Lucas 23,27-31

Na religiosidade popular, há uma devoção que narra um possível encontro de Maria com Jesus, carregando sua cruz, e a mesma cena aparece na quarta estação da via-sacra. Nos relatos da paixão, presentes no Novo Testamento, nenhum dos quatro evangelistas fala desse encontro. Somente João coloca a Mãe de Jesus de pé ao lado da Cruz Redentora de Cristo, tendo a companhia do Discípulo Amado. Esse encontro da Virgem Senhora das Dores com seu Filho, carregando a cruz no caminho do calvário, ficou na imaginação do povo devoto. Por isso cantamos com devoção: "Pela Virgem Dolorosa, vossa mãe tão piedosa, perdoai-me, meu Jesus, perdoai-me, meu Jesus!"

Seguindo o caminho da cruz, nosso Redentor recebe a ajuda solidário de Simão Cirineu. Jesus cai três vezes, por causa do peso do madeiro, e ainda encontra forças para consolar as mulheres de Jerusalém. A presença materna de Maria na vida de Jesus sempre foi de amor e dedicação. Certamente, não foi diferente naquela hora de condenação injusta. Não precisou de palavras para expressar seu amor; foi suficiente aquele olhar de Mãe, no meio de tantos outros, para trazer um grande alívio. Aquele condenado a morrer, por amor à humanidade, não era, e nunca foi, um filho sem mãe, um abandonado, sem família. Aquela via dolorosa do Calvário foi e sempre será a grande hora de Jesus, e Maria estava presente, como esteve no início, lá nas bodas de Caná da Galileia.

O sofrimento causa dor e nos enfraquece. Jesus sofreu por amor, mas a dor foi a mesma de qualquer pessoa humana que é torturada, espancada e, muitas vezes, humilhada em sua dignidade. Podemos imaginar uma perseguição política ou religiosa, que condena à morte muitos inocentes. Nessas horas, não podemos lavar nossas mãos, como Pilatos fez na condenação de Jesus. Muitas são as vítimas de ideologias da esquerda ou da direita; alguns governos autoritários não aceitam quem pensa diferente, procuram a todo momento seus opositores, para acusá-los com falsos testemunhos e condená-los à morte.

Jesus de Nazaré era muito respeitado, por suas palavras repletas de sabedoria, e suas ações eram sempre de proximidade e compaixão. O povo judeu o admirava, mas as autoridades do governo o viam como uma ameaça à lei e à ordem pública. Os sacerdotes, os escribas e os fariseus procuravam uma oportunidade para prender aquele homem que atraía multidões. Com a traição de um discípulo, chamado de Judas Iscariotes, os soldados foram prender o Nazareno. A acusação era de agitação popular, falsas doutrinas e afirmação de que era Filho de Deus. Tudo isso no tempo da páscoa dos judeus.

O amor materno não conhece fronteiras e invade o coração dos filhos e das filhas, trazendo alento e conforto na dor do sofrimento, por uma acusação injusta. A maldade humana cresce onde não existe amor de uma mãe. Na família de Nazaré, nunca faltou o carinho de uma mãe e de um pai bondoso. Na época do Calvário, José parece que já havia falecido, por isso Maria vai ao encontro de Jesus na Cruz na companhia de João, o discípulo mais novo de Jesus Cristo. A Senhora das Dores também fez o caminho rumo ao Gólgota; ela não teve medo dos soldados romanos e não se abateu ao ver seu amado Filho sendo açoitado e pregado no madeiro, para morrer por nossos pecados. Maria é piedosa e solidária, ela transforma suas lágrimas de dor em uma fonte de esperança e fé. Seus devotos podem cantar assim: "Que dor indizível, quando o encontrais, com a cruz às costas, bendita sejais. Bendita sejais, Senhora das Dores, ouvi nossos rogos, Mãe dos pecadores".

Oração à Virgem Santíssima do Divino Amor

Salve, ó Mãe, Rainha do mundo,
Tu és a Mãe do belo Amor,
tu és a Mãe de Jesus, fonte de toda a graça,
o perfume de cada virtude,
o espelho de toda a pureza.
Tu és alegria no pranto, vitória na batalha,
esperança na morte.
Que doce sabor o teu nome na nossa boca,
que suave harmonia nos nossos ouvidos,
que embriaguez no nosso coração!
Tu és a felicidade dos que sofrem,
a coroa dos mártires, a beleza das virgens.
Suplicamos-te guia-nos, a seguir a este exílio,
até a posse do teu Filho, Jesus. Amém.
(São João Paulo II)

12ª lição

Aprendendo com Maria ao lado da Cruz de Cristo

Texto bíblico para meditação pessoal: João 19,15-27

No momento da Crucificação, Maria permaneceu de pé, ao lado da cruz, na companhia do discípulo amado. Os outros apóstolos não são mencionados, somente algumas mulheres que acompanhavam de longe aquele momento de tristeza e dor, que gerou vida em abundância para toda a humanidade. As primeiras comunidades falam do apóstolo João, como sendo o discípulo amado. Embora os outros apóstolos também amassem muito a Cristo, não estavam no calvário.

Na hora suprema de Jesus, percebendo que sua vida terrena estava terminando, disse a sua mãe: "Mulher, eis aí seu filho" e, olhando para o amado discípulo, falou: "Eis aí sua mãe". Qualquer cristão, que vive a vida nova que recebeu no batismo, pode ser esse discípulo amado de Cristo. Sendo assim, pode receber Maria, em sua casa, como mãe, cuja maternidade espiritual começa aos pés da cruz de Cristo. O devoto mariano aprende a suportar a dor que gera vida, não teme o sofrimento, busca sempre conhecer mais o Mestre Jesus, que fala com sabedoria e ensina com amor (CF 2022). O Discípulo Amado não foge da Cruz, confia e espera a ressurreição de Cristo.

O Filho de Maria é o Emanuel, Deus conosco. Sem deixar sua divindade, ele se fez carne e habitou entre nós, fez morada no seio materno da esposa de José, caminhou com seus discípulos. Veio até nós para nos elevar a Deus. Não guardou nada para si mesmo, até suas roupas foram repartidas entre os soldados que o pregaram na cruz. Apesar do sofrimento, causado por nossos pecados, Ele não deixou de amar os pecadores, pois sua misericórdia se estendeu de geração em geração (Lc 1,50). Na cruz escondia toda a sua divindade; parecia que todos o abandonaram. Alguns de seus acusadores diziam: "Se és Deus, desce da cruz!"...

Na Semana Santa, em várias comunidades, tem-se o costume de fazer o sermão das últimas palavras de Cristo na Cruz. Podemos meditar sobre cada uma delas, que expressam um desejo do Crucificado. O amor divino se concretiza na cruz em forma de perdão para o ladrão arrependido e para todos os pecadores da humanidade; Jesus de Nazaré nos ama como Deus e conhece nossas dores e angústias. Uma fala de Jesus na cruz foi: "Tenho sede". Como pode a fonte pedir água? Como Deus pode ser tratado com tanta indiferença? Como podemos oferecer um amor mesquinho a Deus, como se fosse vinagre?

A presença de Maria, como mãe e discípula no calvário, revela que o crucificado não foi totalmente abandonado na cruz. O discípulo amado, com algumas mulheres, representava toda a humanidade naquele momento de total entrega, da maior prova de amor. Quem quiser me seguir tome sua cruz e siga-me. Entre os títulos de Maria, encontramos alguns em perfeita sintonia com a Cruz de Cristo, como, por exemplo: Nossa Senhora das Dores, Senhora da Piedade, Senhora da Soledade ou solidariedade.

Hoje ainda há muitos inocentes que são condenados. Há muito sofrimento e muita traição entre aqueles que deveriam viver em harmonia fraterna. Alguns podem afirmar que a maldade humana sempre vence; outros não acreditam mais nas pessoas. No tempo em que Jesus foi morto, ele conviveu com falsos profetas, sacerdotes, pastores corruptos e com o povo sofrendo as consequências das ações dessas pessoas. A salvação, que Cristo nos oferece, não é mágica; sua proposta é renovar a aliança com Deus, de uma forma definitiva. Precisamos reconhecer essa nova e eterna aliança selada com o Sangue do Crucificado.

Para renovar nosso compromisso com Deus, faz-se necessário ouvir o conselho de Maria nas bodas de Caná da Galileia. Lá estava a Mãe de Jesus e seus discípulos. Percebendo a falta de alegria, ela disse a seu Divino Filho: "Eles não têm mais vinho". Logo depois falou aos serventes: "Façam tudo o que Ele vos disser". O Vinho foi servido e todos os convidados gostaram da novidade.

Na cruz, na grande hora do Redentor, sua mãe estava de pé, mas não disse nada. Naquele momento, somente Cristo falou; Maria permaneceu em silêncio e guardava todos esses acontecimentos em seu coração. Para nosso crescimento na graça redentora de Cristo, também não precisamos de muitas palavras. O essencial é a escuta perseverante da Palavra para também guardar em nosso coração e progredir na prática da caridade, que é dom maior e mais importante.

Oração do Papa João Paulo II a Nossa Senhora Aparecida

Senhora Aparecida, um filho vosso que vos pertence sem reserva – totus tuus!, chamado, por misterioso Desígnio da Providência, a ser Vigário de vosso Filho na terra, quer dirigir-se a vós, neste momento. Mãe de Deus e nossa, protegei a Igreja, o Papa, os Bispos, os Sacerdotes e todo o Povo fiel; acolhei sob vosso manto protetor os religiosos, as religiosas, as famílias, as crianças, os jovens e seus educadores! Saúde dos Enfermos e Consoladora dos Aflitos, sede conforto dos que sofrem no corpo ou na alma; sede luz dos que procuram Cristo, Redentor do Homem; a todos os homens mostrai que sois a Mãe de nossa confiança. Rainha da Paz e Espelho da Justiça, alcançai para o mundo a paz, fazei que o Brasil tenha paz duradoura, que os homens convivam sempre como irmãos, como filhos de Deus! Nossa Senhora Aparecida, abençoai este vosso Santuário e os que nele trabalham, abençoai este povo que aqui ora e canta, abençoai todos os vossos filhos, abençoai o Brasil. Amém.

13ª lição

Aprendendo com Maria, que recebe o corpo de Jesus morto

Texto bíblico para meditação pessoal: Mateus 27,55-61

O Centurião e seus soldados, que estavam no Calvário, perceberam que a terra estremeceu no momento da morte de Cristo. Ainda assustados, aqueles militares exclamaram: "Verdadeiramente, esse homem era filho de Deus!"

A filiação divina sempre foi e sempre será uma grande verdade de fé para nós cristãos. Aqueles homens do exército romano se assustaram com o barulho e fizeram sua profissão de fé na divindade do Filho de Maria e José. Outras pessoas, presentes naquele momento redentor, também perceberam o fato extraordinário e reagiram de formas diferentes. Como cada acontecimento é único, a percepção varia de pessoa para pessoa, fazendo com que cada um reaja de modo diferente ao mesmo episódio. Aquelas mulheres discípulas já conheciam o Mestre, que morreu na cruz. Mesmo no silêncio feminino, elas deram seu testemunho de fé. A presença feminina no calvário revela para nós a importância da mulher entre os seguidores de Cristo.

Quando a morte é vivenciada em nossa família, na comunidade eclesial, sempre nos leva a valorizar mais a vida, como dom de Deus. Cada pessoa reage de uma forma diferente em relação a essa Páscoa definitiva, que chamamos de morte. Pessoalmente, já participei de alguns velórios que me emocionaram mais do que outros. Como padre a gente tem a missão de consolar as famílias enlutadas, mas, às vezes, o falecido era uma pessoa muito querida e respeitada na comunidade.

Para uma morte repentina ninguém está preparado. Recentemente, em uma confraternização, vivenciei o falecimento de um padre conhecido, que morreu nas águas de uma lagoa. No início da pandemia, muitas mortes aconteceram por causa do coronavírus; ninguém estava preparado para isso. Eu senti muito medo diante da possibilidade de contágio; morreram também alguns padres e algumas religiosas. Muitas famílias não puderam fazer o velório de seus parentes próximos. A morte pela Covid-19 assustou todos, e muitos se perguntaram: até quando ficaremos nessa situação?

Nesse tempo de isolamento e uso de máscaras, como foi sua vivência cristã? Você continuou colocando sua esperança em Deus ou duvidou? Maria de Nazaré sempre acreditou no Deus da vida, mas acolheu em seus braços o corpo de Jesus desfalecido, um Deus, que é capaz de morrer por amor. Nossa fé professa a certeza da ressurreição da carne e na vida eterna, mas, às vezes, não percebemos aquilo que rezamos. Essas formas, decoradas no tempo da catequese, precisam ser entendidas e não simplesmente repetidas. Nossa partida para a casa do Pai precisa ser preparada e não causar medo nas pessoas.

Quantos pais e quantas mães perderam filhos por causa da violência urbana ou por causa da posse de terra. Muitos outros morreram por causa das guerras ou do tráfico; ver seus filhos, mesmo os que foram assassinados por bandidos ou pela polícia, é um direito da mãe e do pai. Na décima terceira estação da via-sacra, nós rezamos a descida do corpo de Cristo da Cruz, cantando: "Do madeiro vos tiraram e à mãe vos entregou, com que dor e compaixão. Pela Virgem dolorosa, vossa mãe tão piedosa, perdoai-me, meu Jesus! Perdoai-me, meu Jesus!"

Assim nós aprendemos a caminhar com Maria, para a realização plena da vontade de Deus em nossa vida. Passamos pelo sofrimento da cruz, convivemos com a injustiça, com o ódio, que gera morte e tristeza. A mãe de Jesus e seus discípulos não foram poupados dessa experiência de dor e tristeza. Se queremos mais vida, não tenhamos medo de quem pode ferir o corpo, mas não pode nos afastar de Deus. Padre Gabriel, antes de seu martírio, dizia: "Prefiro morrer pela vida a viver pela morte". Assim esse missionário francês ficou na memória das comunidades eclesiais de base, na Arquidiocese de Vitória, ES.

Oração a Maria

Sob a tua proteção procuramos refúgio, Santa Mãe de Deus. Na presente situação dramática, cheia de sofrimentos e de angústias, que afligem o mundo inteiro, recorremos a ti, Mãe de Deus e nossa Mãe, e procuramos refúgio sob a tua proteção.

Ó Virgem Maria, dirige a nós o teu olhar misericordioso, nesta pandemia do coronavírus, e conforta aqueles que estão desorientados e que choram os seus entes queridos falecidos, por vezes enterrados de um modo que fere a alma. Sustém os que estão angustiados pelas pessoas doentes das quais, para evitar o contágio, não podem estar próximos. Instila confiança naqueles que estão ansiosos pelo futuro incerto e pelas consequências sobre a economia e o trabalho.

Mãe de Deus e nossa Mãe, implora para nós, de Deus, Pai de misericórdia, que essa dura prova termine e que volte um horizonte de esperança e de paz. Como em Caná, intercede junto do teu divino Filho, pedindo-lhe que conforte as famílias dos doentes e das vítimas e abra o seu coração à confiança.

Protege os médicos, os enfermeiros, os profissionais da saúde e os voluntários que, neste período de emergência, estão na linha de frente e arriscam a própria vida para salvar outras vidas. Acompanha os seus esforços heroicos e dá-lhes força, bondade e saúde.

Permanece perto daqueles que, noite e dia, assistem os doentes e dos sacerdotes que, com solicitude pastoral e esforço evangélico, procuram ajudar e apoiar todos.

Virgem Santa, ilumina a mente dos homens e das mulheres de ciência, a fim de que encontrem soluções justas para derrotar este vírus. Assiste os responsáveis das Nações para que trabalhem com sabedoria, solicitude e generosidade, socorrendo quantos não têm o necessário para viver, programando soluções sociais e econômicas com clarividência e espírito de solidariedade.

Maria Santíssima, toca as consciências, a fim de que as enormes somas utilizadas para aumentar e aperfeiçoar os armamentos sejam, ao contrário, destinadas a promover estudos adequados para evitar catástrofes semelhantes no futuro.

Amadíssima Mãe, faz crescer no mundo o sentido de pertença a uma única grande família, na consciência do vínculo que nos une a todos para que, com espírito fraternal e solidário, possamos auxiliar muitas situações de pobreza e de miséria. Encoraja a firmeza da fé, a perseverança no serviço e a constância na oração.

Ó Maria, consoladora dos aflitos, abraça todos os teus filhos atribulados e obtém que Deus intervenha com a sua mão toda-poderosa para nos libertar desta terrível epidemia, a fim de que a vida retome com serenidade o seu curso normal. Confiamo-nos a ti, que brilhas no nosso caminho como sinal de salvação e de esperança.

Ó clemente, ó piedosa, ó doce Virgem Maria, guia os passos dos teus peregrinos que desejam rezar a ti e amar-te nos Santuários que a ti são dedicados no mundo inteiro, sob os mais variados títulos que evocam a tua intercessão. Sê uma guia segura para todos. Amém!

(Oração do Rosário presidido pelo Papa Francisco, para invocar o fim da pandemia, 1º de maio de 2021)

14ª lição

Aprendendo com o sepultamento de Jesus

Texto bíblico para meditação pessoal: Lucas 23,55-56

Certa vez, ouvi um professor afirmar que nossa gente não aprendeu a fazer experiência da morte; muitos buscam fugir dessa grande certeza que temos: "Um dia vamos deixar este mundo". Aqui no planeta terra estamos de passagem, nosso destino é a morada eterna, preparada para todos os seres humanos de boa vontade. Maria, a mãe de Jesus morto na cruz, e todos os discípulos também esperavam a vida eterna. Quando sepultamos alguém, esperamos que ressuscite para a vida nova.

Quando sepultaram o corpo do Senhor Morto, eles estavam sem esperança, confusos e com muita dor no coração. O túmulo foi arranjado às pressas com José de Arimateia; ninguém havia sido enterrado antes naquele lugar. O corpo do crucificado não podia ficar abandonado na cruz. Antes do anoitecer, com a devida autorização de Pilatos, enterraram Jesus no túmulo escavado na rocha. Dois soldados romanos ficaram vigiando aquele lugar sagrado.

Na devoção das sete dores de Maria encontramos o povo cantando: "Oh que dor, oh cruel dor, oh que dura solidão. Oprimiram sem cessar meu materno coração. Oprimiram sem cessar meu materno coração. Pecadores redimidos com o sangue do Senhor, atendei, vede se há dor igual a minha dor".

Aquele sofrimento materno era único para Maria. Para quem não faz parte da família do falecido, o luto traz tristeza, mas passa logo; para a mãe e os demais familiares a perda dói mais fundo no coração. Todos aqueles que ouvem e praticam a Palavra de Deus fazem parte da família de Jesus. Por isso sua paixão, morte e ressurreição devem tocar profundamente nosso coração. O Filho de Deus, que Maria gerou em seu ventre, morreu por causa de nossos pecados. Ele entregou sua vida, na cruz, para salvar os pecadores da morte eterna. Certamente, o sofrimento de cristo e sua morte na cruz não devem simplesmente provocar sentimentalismo, mas é um constante apelo à conversão e mudança de vida. O grande pedido é: "Convertei-vos e crede no Evangelho!"

Nossas comunidades eclesiais têm o costume de realizar a via-sacra e, às vezes, a encenação da Paixão de Cristo. São momentos de tradição religiosa que podem ajudar nosso povo em sua vivência quaresmal. Quando valorizamos a meditação dos textos bíblicos, a espiritualidade e catequese são beneficiadas diretamente; o povo evolui em sua devoção e em seu compromisso com o Reino de Deus.

No nascimento, quem chora é o recém-nascido. A mãe sente as dores do parto, mas, quando ouve o choro do filho ou da filha, a dor se transforma em motivo para sorrir, e todos os parentes fazem festa. Em nossa páscoa definitiva, os anjos se alegrarão por um só pecador que é redimido pelo sangue redentor de Cristo e assim ganha a vida eterna. Os familiares e amigos choram, ficam de luto e são consolados por sua fé. Quando uma mãe vivencia o sepultamento de um filho, sua dor penetra no fundo do coração, e ela precisa muito ser consolada na fé na ressurreição de Cristo.

Quando nos despedimos de algum familiar ou amigo precisamos não nos deixar abater diante do falecimento. Somos consolados pela Palavra de Deus e pela presença de alguns amigos e familiares. A Virgem das Dores passou por esse momento de morte, tão comum ao ser humano. Seu filho, embora sendo Deus, experimentou a morte por amor a todos nós pecadores. Com Maria, não foi diferente, ela também fez sua páscoa definitiva. Ao terminar seus dias aqui na terra, foi assunta ao céu em corpo e alma, não por seus méritos, mas por obra e graça de seu Divino Filho. Essa é nossa profissão de fé quando rezamos: "... Creio na ressurreição da carne e na vida eterna. Amém".

A Igreja Católica e a Igreja Ortodoxa não falam do sepultamento de Maria, e sim da Dormição de Maria. Um dos vários títulos da Virgem Mãe é Nossa Senhora da Boa Morte; algum apressado pode perguntar: "Há alguma morte boa?" Eu respondo: "Uma boa morte é e sempre será na graça redentora de Cristo".

ORAÇÃO DA SALVE-RAINHA

Salve, Rainha, Mãe de misericórdia, vida, doçura e esperança nossa salve! A vós bradamos, os degredados filhos de Eva; a vós suspiramos, gemendo e chorando neste vale de lágrimas. Eia, pois, Advogada nossa, esses vossos olhos misericordiosos a nós volvei e, depois deste desterro, mostrai-nos Jesus, bendito fruto do vosso ventre, ó clemente, ó piedosa, ó doce Virgem Maria! Rogai por nós, Santa Mãe de Deus, para que sejamos dignos das promessas de Cristo. Amém.

ANEXO

HINOS MARIANOS

1. A morrer crucificado (Via-sacra)

1. A morrer crucificado,/ teu Jesus é condenado/ por teus crimes, pecador.

Pela Virgem dolorosa,/ vossa Mãe tão piedosa,/ perdoai-me, meu Jesus.

2. Com a cruz é carregado/ e do peso acabrunhado,/ vai morrer por teu amor.

3. Pela cruz tão oprimido,/ cai Jesus desfalecido/ pela tua salvação.

4. De Maria lacrimosa,/ sua Mãe tão dolorosa,/ vê a imensa compaixão.

5. Em extremo desmaiado,/ deve auxílio, tão cansado,/ receber do Cireneu.

6. O seu rosto, ensanguentado,/ por Verônica enxugado, eis no pano apareceu.

7. Outra vez desfalecido,/ pelas dores abatido,/ cai em terra o Salvador.

8. Das matronas piedosas,/ de Sião filhas chorosas,/ é Jesus consolador.

9. Cai terceira vez prostrado/ pelo peso redobrado/ dos pecados e da cruz.

10. Dos vestidos despojados,/ por verdugos maltratado,/ eu vos vejo, meu Jesus.

11. Sois por mim à cruz pregado,/ insultado, blasfemado,/ com cegueira e com furor.

12. Por meus crimes padecestes,/ meu Jesus, por mim morrestes! Como é grande a minha dor!

13. Do madeiro vos tiraram/ e nos braços vos deixaram/ de Maria – que aflição!

14. No sepulcro vos deixaram,/ enterrado vos choraram,/ magoado o coração.
15. Meu Jesus, por vossos passos/ recebei em vossos braços/ a mim, pobre pecador.

2. Senhora das Alegrias

L e M: Frei Rogério Viterbo de Sousa, OFM

Santa Mãe de Deus, Senhora das Alegrias, vós sois o nosso auxílio, ó Santíssima Virgem Maria!
1. Guardai-nos em vosso amor, vos pedimos todos os dias. Atendei a nossa prece, ó Senhora das Alegrias!
2. Livrai-nos de todo pecado e de todas as agonias. Segurai em nossa mão, ó Senhora das Alegrias!
3. Levai-nos a Jesus Cristo e trazei-nos as calmarias. Conservai a nossa fé, ó Senhora das Alegrias!
4. Fazei-nos sempre fiéis a Jesus, o nosso Messias! Recorremos sempre a Vós, ó Senhora das Alegrias.

3. Nossa Senhora da Penha

Virgem da Penha, minha alegria
Senhora nossa, Ave, Maria.

Nós vamos em procissão,
com fé e muita oração,
agradecer as bênçãos, com muita devoção.
Saímos da catedral,
a pé, não importa o tempo,
e, congregados ao redor do altar,
irmãos em um só pensamento,
alimentados com o pão da vida,
louvamos nossa Mãezinha querida.
Nossa Senhora da Penha,

Mãe, padroeira e amor.
Nossa Senhora da Penha,
que nos braços tem o Salvador.
Nossa Senhora da Penha,
que do alto seus filhos conduz,
abençoando as Romarias e procissões de fé,
com o seu manto de Glória e de luz.

Ave, Maria, cheia de graça,
o Senhor é convosco,
bendita sois vós entre as mulheres,
bendito é o fruto do vosso ventre Jesus.
Santa Maria, mãe de Deus,
rogai por nós, pecadores,
agora e na hora de nossa morte, amém.

4. Hino oficial da Padroeira de Minas Gerais

1. Senhora da Piedade, Mãe Virgem do Cristo Deus, que, morto e da cruz descido, descansa nos braços teus. Minora também as dores do pobre e do sofredor que clamam por teu socorro, Mãe Pura do Redentor.
Feliz padroeira de um povo a lutar, a gente mineira te quer exaltar. Não só nesta Serra tu és esplendor de toda esta terra também és fulgor.
2. Senhora de tantas dores, ó serva do puro sim no Filho que tu geraste, deserto se faz jardim. Teu ventre de mãe bendita sacrário se fez do amor e agora mil vozes cantam mil hinos em teu louvor.
3. Senhora de tantos nomes, de tantas invocações, humildes, por ti, recebem divinas consolações. Por isso nós te pedimos, porque somos filhos teus: coloca teu povo, agora, na palma da mão de Deus.

ÍNDICE

Este livro foi composto com as famílias tipográficas Anton, Bookmania e Georgia e impresso em papel Offset 75g pela **Gráfica Santuário**.